Carl Maria von Weber, Friedrich Kind

Carl Maria von Webers sämtliche Kompositionen

Der Freischütze

Carl Maria von Weber, Friedrich Kind

Carl Maria von Webers sämtliche Kompositionen
Der Freischütze

ISBN/EAN: 9783743428539

Hergestellt in Europa, USA, Kanada, Australien, Japan

Cover: Foto ©Thomas Meinert / pixelio.de

Manufactured and distributed by brebook publishing software
(www.brebook.com)

Carl Maria von Weber, Friedrich Kind

Carl Maria von Webers sämtliche Kompositionen

II. Preciosa.

Carl Maria von Weber's
sämmtliche Compositionen.
Erste rechtmässige Gesammtausgabe
revidirt und corrigirt
von
H. W. STOLZE.
III. Band 1. Heft.

Der
FREISCHÜTZ,
Romantische Oper in drei Aufzügen.

Dichtung von Fr. Kind

in Musik gesetzt

von

CARL MARIA VON WEBER.

Clavierauszug vom Componisten.

Preis 1 Thlr.

mit Portrait.

(337.)

I. Freischütz.

III. Euryanthe.

LONDON,
AUGENER & Co.
86 Newgate Street & 1a Tottenham Court Road.

WOLFENBÜTTEL.
Druck und Verlag von L. Holle.
NEW-YORK, TH. HAGEN.

PARIS,
A. BOHNÉ,
Rue de Rivoli 170.

IV. Oberon.

1. Ouverture.

C. M. v. Weber.

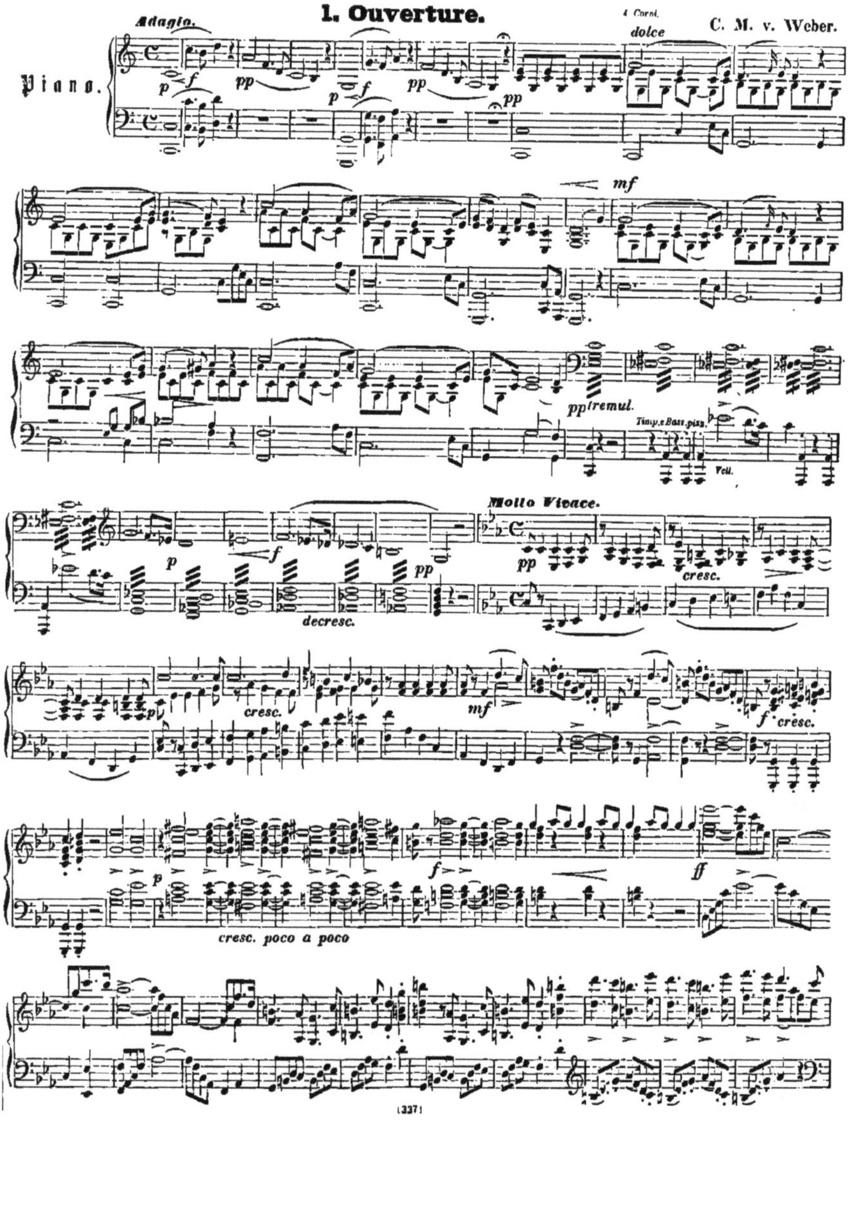

ff
decresc.
cresc.
f
Tromb.
Corni
Clarini.
p
ff
f
decresc.
p
cresc.
f
decresc.
p
Clar. u. Viol.
p
p
mf
sf
mf
cresc.

f
Tutti
ff
8va
loco
Viol.
mf
cresc.
p
dolce
Oboe
Tromb.
decresc.

p
decresc.
pp
pp
cresc.
mf
cresc.
stringendo
f
ff
ff
pp
Fag. e Viol.
dol.
p
Violc.
pp
Tutti
ff
Viol.
ff
ff

Tutti
sempre ff
sf
stringendo
a poco
8va
loco
ff

2. Introduction.

Platz vor einer Waldschenke, sogenanntem Schenkgiebel. Max sitzt allein im Vordergrunde an einem Tische, vor sich einen Krug; im Hintergrunde eine Vogelstange, von Volksgetümmel umgeben. Böhmische Bergmusik. In dem Augenblicke, da der Vorhang aufgeht, im 11. Takte, fällt ein Schuss, und das letzte Stück einer Sternscheibe fliegt herunter. Das Volk ruft: „Ah, ah, brav, herrlich getroffen!" jubelt und klatscht. Max, bis jetzt die geballte Faust vor der Stirn, schlägt damit heftig auf den Tisch: „Glück zu, Bauer!" ausrufend.

ff
nah! Vic - to - - ria! Vic - to - ria, Vic - to - - ria, Vic-
nah! Vic - to - - ria! Vic - to - - ria, Vic - to - - ria, Vic-
ff
nah! Vic - toria, Victoria, Vic - to - - ria. Vic - to-ria, Victo-ria, Vic - to - - ria. Vic - to - - ria, Vic-
ff
to - - ria! der Mei - ster soll le - ben, der wa - - cker dem Stern - lein den Rest hat ge - ge - ben!
to - - ria! der Mei - ster soll le - ben, der wa - - cker dem Stern - lein den Rest hat ge ge - ben!
to - - ria! der Mei - ster soll le - ben, der wa - - cker dem Stern - lein den Rest hat ge - ge - ben! Vic-
Vic-to - ria, Vic-to - ria! Victoria, Vic-to - ria, Vic-to - ria, Vic-to - - - - -
Vic-to - ria, Vic-to - ria! Victoria, der Meister soll le - ben! Victoria, Vic-
to-ria, Victo-ria, Vic-to - ria, Vic-toria, Victoria, Vic-to - ria! Victoria, Vic-to - ria, der Meister soll le-ben!

Allgemeiner Jubel. Die Stange wird herabgelassen.
ria, Victoria, Vic-to-ria, Victo-ria, Vic-to ria!
Max. Immer frisch, schreit, schreit!
stampft mit der Büchse auf den Boden und lehnt sie an einen Baum.
to ria, Victo-ria, Vic-to-ria, Victo ria, Victo-ria, Vic-to ria!
War ich denn blind? sind die Sehnen dieser Faust erschlafft!
Victo-ri-a, Victo-ria, Vic-toria, der Meister soll leben! Victo-ri-a!
Es ordnet sich ein Zug. Voran die Musikanten, den folgenden Marsch spielend; dann Bauernknaben, die das letzte Stück der Scheibe auf einem alten Degen und mancherlei altes Zinngeräth als Gewinn tragen. Hierauf Kilian, als Schützenkönig mit gewaltigem Strauss und Ordensbande, worauf die von ihm geschossenen Sterne befestigt sind. Schützen mit Büchsen, mehrere mit Sternen auf Mützen und Hüten; Weiber und Mädchen folgen. Der Zug geht im Kreise herum, und alle, die bei Max vorbeikommen, deuten höhnisch auf ihn, verneigen sich, flüstern und lachen.
Tempo di Marcia.
Tromba
Corni
Quasi ad libit.
f
Bauernmarsch.
sempre f
1.
2.

Allegretto.
Zuletzt bleibt Killian vor Max stehen, wirft sich in die Brust und singt:
Flauto Solo
Piano.
scherzando
Kilian.
Schau der Herr mich an als Kö - - nig, dünkt ihm mei-ne Macht so we - - - nig? gleich zieh' er den Hut, Mos-je!
fp
sf
Chor. (Bübchen schabend, mit dem Finger auf Max deutend:) Alti.
Soprani.
cresc.
He he he he he he he he
wird er, frag' ich, he, he, he? wird er, frag' ich, he, he, he!
Chor. Tenori. wird er! frag' ich,
Fag.
ff
pp
f
wird er, frag' ich, wird er! he he he!
Bassi. gleich zieh' er den Hut, Mos-je! wird er, frag' ich, wird er! he he he!

Kilian.
V. 2. Stern und Strauss hab' ich vor'm Lei - - - be,
V. 3. Darf ich et - wa eu - re Gna - - - den
Kan - tors Sep - perl tragt die Schei - - be,
'snäch - ste Mal zum Schiessen la - - - den!
hat er Augen nun, Mosje! was traf er denn! he he he! was traf er denn! he he he!
Er gönnt Andern was, Mosje! nun, er kommt doch! he he he! nun er kommt doch! he he he!
Chor. Alti.
He he
sf
pp
Alti. Soprani.
he he he he he he he he he he he he he he he
Tenori. Was traf er denn! was traf er denn!
Nun, er kommt doch! nun, er kommt doch!
Bassi. Hat er Au - gen nun, Mos - je!
Er gönnt An - dern was, Mos - je!
was traf er denn! was denn! he he he!
nun, er kommt doch! kommt doch! he he he!
Nach dem dritten Verse springt Max auf, zieht den Hirschfanger und fasst Kilian bei der Brust.
Max. Lasst mich zufrieden, oder — Getümmel auf Max eindringend.
f
ff

3. Terzett mit Chor.

sa - gen, wie könnt' ich's er - tragen! doch mich ver-fol-get Miss-ge - schick! doch
Soprani.
pp
Seht, wie dü - ster ist sein Blick!
Alti.
pp
Seht, wie düster, wie dü - ster ist sein Blick!
Tenori.
Seht, wie dü - ster ist sein Blick!
Bassi.
mich verfol-get Miss-ge - schick,
rf
A - ga-then ent-sa-gen, wie könnt' ich's er - tra - gen!
p Seht, wie
p
seht, wie dü-ster, wie dü - ster ist sein Blick. Ah-nung scheint ihn zu durch-be - - - - - - ben.
p Seht, wie dü - ster ist sein Blick. Ahnung scheint ihn zu durch-be - - - - - - ben.
p
Seht, wie dü - ster ist sein Blick. Ahnung scheint ihn zu durch-be - - - - - ben, Ahnung
pp
pp
Soprani ed Alti.
Ahnung scheint ihn zu durchbeben.
Tenori.
Ahnung scheint ihn zu durch-beben.
O lass Hoff-nung dich be-le - ben, und ver - trau-e, ver-traue dem Ge-
Bassi.
scheint ihn zu durchbeben.
O lass Hoff - nung dich be-le - ben, und ver - trau-e, ver - trau-e dem Ge-
Corni

Cano.
O lass Hoff-nung dich be-le — ben, und ver-trau — e dem Geschick. Weh mir! mich ver-liess das
Mar.
Soprani.
O lass Hoff-nung dich be — le — ben, und ver-trau - e dem Ge-schick.
Alti.
O lass Hoff-nung dich be — le — ben, und vertrau — e, vertraue dem Ge-schick.
Tenori.
schick. O lass Hoff-nung dich be-le — ben, und ver-trau - e ver-traue dem Ge-schick.
Bassi.
schick. O lass Hoff — nung dich bele — ben, und ver-trau — e, ver-trau-e dem Geschick.
Cano.
Mar.
Glück! O ver-trau - e! Un-sicht-ba-re Mächte grol-len, ban-ge Ahnung füllt die Brust, un-sicht-ba-re
Soprani ed Alti.
O ver — trau-e! Ver-traue dem Ge-schick.
O ver-trau - e! O vertrau - e dem Ge-schick.
O ver-trau - e! Trau — e dem Ge-schick.
Mäch-te grol-len, ban-ge Ah-nung füllt die Brust, ban-ge Ah-nung, ban-ge Ah — nung füllt die Brust,
Cano.
So's des

Caspar.
nim-mer trüg' ich den Ver-lust, nim-mer trüg' ich den Verlust.
Mag For-tu - na's Ku - gel rol - len, wer sich höh'rer Kraft be-
Chor. Soprani ed Alti.
Himmels Mäch - te wol-len, dann trug' männ-lich den Verlust.
pp Nein, er trüg'
Chor. Bassi. pp
Nein, er trüg' nicht den Ver-
p
wusst, trotzt dem Wech-sel und Ver — lust, wer sich höh' - rer Kraft be — wusst, trotzt dem
nicht den — — — — Ver — lust.
lust.
Max.
A — ga — — — then ent — sa — gen, wie könnt' ich's er-
Caspar.
Wech-sel und Ver — lust, Mag For — tu — na's Ku — gel rol — len, wer sich höh' - rer Kraft be-

Max.
Adagio.
tra — — — gen! nim — mer trüg' ich den Verlust, nim — mer!
Cuno.
Moderato quasi
Tra — ge. Mein Sohn, nur
Caspar.
wusst, trotzt dem Wechsel u. Ver - lust, trotzt dem Wechsel und Ver - lust, trotzt dem Wech — — sel!
Nein, nein, nim - mer trüg' er den Ver - lust, nein — — —!
nimmer trüg', nim - mer trüg' er den — Ver - lust, nein — — —!
Nein, er trüg' nicht den Ver - lust, nein — — —!
nein, nein, er trüg' nicht den Ver - lust, nein, er trüg' nicht den Verlust, nein — — —!
Adagio.
Muth! wer Gott vertraut, baut gut!
Flauti
Allegro. Cuno. Zu den Jägern.
Jetzt auf! in Ber-gen und Klüf - ten tobt
JÆGERCHOR.
Das Wild in Flu — ren und Trif — ten, der Aar in Wolken und Lüf — ten ist un-ser, und un - ser der
mor - gen der freudi - ge Krieg.

Sopr. CHOR DER LANDLEUTE.
JÆGER.
Sieg! und unser der Sieg, u. unser der Sieg.
All.
Lasst lustig die Hörner er - schal - len!
f Wir las — sen die Hörner erschallen, wir las - sen die
Corni
Bassi.
Poco più moderato.
Sopr. CHOR DER LANDLEUTE.
Lasst lu - stig die Hörner erschallen! wenn wiederum A-bend er-
All.
Lasst lu - stig die Hörner erschallen, lasst lus - tig die Hörner erschallen! wenn wiederum A-bend er-
Tenor.
Bass.
Lasst lu - stig die Hörner erschallen, lasst lu - stig die Hörner erschallen, wenn wiederum Abend er - graut, — soll
Hör-ner erschallen, wir las - sen die Hörner erschallen, wir las - sen die Hörner erschallen, wenn wiederum Abend er - graut, — soll
Sopr. & All.
graut, — soll E-cho und Fel-senwand hal — len: Sa! Hussa! Hus-sa dem Bräut'gam, der Braut! — p Wenn wie - de - rum
graut! — soll Echo und Felsenwand hal - len: Sa! Hus-sa dem Bräut'gam, der Braut! — Wenn wie - de - rum
Echo und Felsenwand hal — len: Sa Hussa! hussa hus — sa dem Bräut' — gam, der Braut! — Wenn wie - de - rum
Echo und Felsenwand hal — len: ff Sa! Hussa! hussa! hus — sa dem Bräut' — gam, der Braut! — p Wenn wie - de - rum
Corni
p dolce

ff
A-bend ergraut, soll E — cho und Fel-senwand hal-len, Sa! hussa! dem Braut'gam der Braut,
ff
A — bend er—graut, soll hal — len, Sa! hussa! dem Braut'gam der Braut,
A — bend er—graut, soll Felsenwand hal — len, ff Sa! hussa! dem Braut'gam, der Braut,
A — bend er—graut, soll hal — len, Sa! hussa! dem Braut'gam, der Braut,
dolce wenn Abend er-graut, — soll hal — len, ff Sa! hussa! dem Braut'gam, der Braut,
A — bend er—graut, soll hal — len, Sa! hussa! dem Braut'gam der Braut,
ff
den Braut'gam, der Braut! — p Lasst lu — stig die Horner erschallen, wenn wie — derum Abend ergraut, dass E — cho und
dem Braut'gam, der Braut! — p Lasst lu — stig die Hör-ner er—schal — len, dass E — —
dem Braut'gam, der Braut! — p lasst lu — stig die Hör-ner er—schal — len, dass E — —
dem Braut'gam, der Braut! — p Wenn wie — de — rum A —
dem Braut'gam, der Braut! — ff Wir las — sen die
ff
p Flauti
Corni

Felsenwand hal-len, dem Bräut'-gam, der lieb-li-chen Braut, wenn wie-derum A — bend er-graut, — soll E—cho und Fel-senwand
cho und Fel—sen — wand hal — len, wenn wie-derum A — bend er-graut, — soll E—cho und Fel-senwand
cho und Fel-sen — wand hal — len, wenn wie-derum A - bend er-graut, — soll E-cho und Fel-senwand
bend er — graut. — — wenn wie-de-rum A - bend er-graut, — soll E-cho und Fel-senwand
Hör-ner er-schallen, wir las — sen die Hör-ner erschallen, wenn wie-derum A — bend er-graut, — soll E—cho und Fel-senwand
Corni
hal-len: Sa! hus-sa! sa! hus-sa! dem Bräut'gam, der Braut! Sa! hus-sa dem Bräut'-gam, dem Bräut'-gam, der Braut! Sa!
hal-len: Sa! hus-sa! sa! hus-sa! dem Bräut'gam, der Braut! Sa! hussa! hussa! hussa! hus-sa dem Bräut'-gam, der Braut! Sa! hussa!
hal-len: Sa! hus-sa! sa! hus-sa! dem Bräut'gam, der Braut! Sa! hussa! hussa, hussa! hus-sa dem Bräut'-gam, der Braut! Sa! hussa!
hal-len: Sa! hus-sa! sa! hus-sa dem Bräut'gam, der Braut! Sa! hussa! hussa! hussa! hus — sa dem Bräut'-gam, der Braut! Sa! hussa!
loco
Corni

4. Scene und Arie.

Kilian nimmt eine der Frauen und tanzt, die Andern folgen. Die Meisten drehen sich tanzend in den Schenkgiebel, die Uebrigen zerstreuen sich ausserhalb desselben.

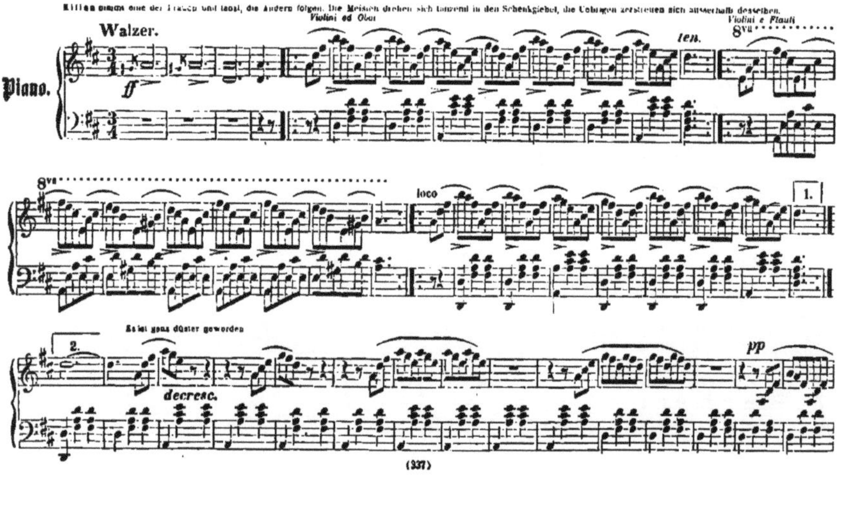

pp
Corni
poco a poco perdendosi
pp
ppp
Allegro.
Mar. Recit.
Nein, länger trag' ich nicht die Qualen, die Angst, die jede Hoffnung
ff
fp
Viola
Tempo
raubt.
Recit.
Für welche Schuld muss ich be - zahlen?
Tempo
ff
fp
Recit.
Was weiht dem fal-schen Glück mein Haupt?
Tempo
fp
ff
Clar.
a piacere
f
Moderato.
Durch die Wäl - der, durch die
p
Flaut. e Clar.

Au-en, zog ich leich-ten Sinn's da - hin! Al-les, was ich konnt'er-schau - en, war des si-chern Rohrs Gewinn, Al-les, was ich konnt' er-
schau - en, war des si - chern, des si - chern Rohrs Ge-winn!
A-hends bracht ich rei - che Beu-te, und wie ü-ber eig-nes Glück, drohend wohl dem Mör-der, freu-te sich A - ga - thens Lie - bes-blick,
pp
f
freu - te sich Aga - thens Lie - bes - blick, freu - te sich A-ga - thens Lie- besblick, freu - te sich A-
Clar.
ga - thens A - gathens Lie-bes - blick.
Viol. e Clar.

Recit.
Samiel tritt, fast bewegungslos, im Hintergrunde einen Schritt aus dem Gebüsche.
Hat denn der Him-mel mich ver-las-sen?
Tempo
die Vorsicht ganz ihr Aug' ge-wandt?
Soll das Verderben mich er-
Timpani
Andante con moto.
fassen? Ver-fiel ich in des Zu-falls Hand?
ff
Fl. e Ob.
pp
cresc.
dolce
Jetzt ist wohl ihr Fen-ster offen, und sie horcht auf meinen Tritt, lässt nicht ab vom treu-en Hof-fen; Max bringt gute Zeichen
mit, Max bringt gu-te Zei-chen mit. Wenn sich rauschend Blätter re-gen, wähnt sie wohl, es sei mein
ritard.
pp
Fuss, hüpft vor Freuden, winkt ent-ge-gen nur dem Laub, nur dem Laub den Lie-bes-gruss, hüpft vor Freuden, winkt entge-gen nur dem

Laub den Lie-bes-gruss. ritard.
Fl.
Clar. e Fag.
Allegro con fuoco.
pp
cresc.
ff
Samiel schreitet im Hintergrunde mit grossen Schritten langsam
Doch mich um-gar - nen fin - stre Mächte, mich fasst Verzweiflung, foltert Spott! mich fasst Ver-
über die Bühne, so dass er, schon ganz an der
zweiflung, fol-tert, fol - tert Spott, mich fasst Verzweif-lung, foltert Spott!
O dringt
entgegengesetzten Seite bei dem Ausrufe:
— kein Strahl durch die - se Näch - te, o dringt kein Strahl durch diese Näch - te! herrscht blind das
Gott! eine zuckende Bewegung macht und verschwindet.
Schicksal? herrscht blind das Schicksal! lebt kein Gott? lebt kein
sf

Gott? mich fasst Ver-zweif-lung, fol - tert Spott, mich fasst Ver-zweif-lung, fol - tert Spott, mich fasst Ver - zweif-
lung, fol - tert Spott, mich fasst - Ver - zweif - lung, fol-
- tert Spott, mich fasst Ver - zweif - lung, fol - tert Spott, mich fasst - Ver - zweif-lung, fol - tert Spott!
pp
f
ff

5. Lied.

Allegro feroce ma non troppo Presto.
Caspar.
Piano.
ff
Hier im ird'schen Jammerthal wär' doch nichts als Plack und

Qual, trüg' der Stock nicht Trau - ben da-rum bis zum letzten Hauch setz' ich auf Gott Bachus Bauch
meinen fe - sten Glau - ben, meinen fe - sten Glau - ben!
Eins ist Eins und Drei sind Drei! drum ad-dirt noch zweier - lei zu dem Saft der Re - ben:
Oh - ne dies Tri-fo - li - um giebt's kein wahres Gaudi - um seit dem ersten Ue - bel.
Kar-ten-spiel und Würfel-lust, und ein Kind mit run-der Brust hilft zum ew' - gen Le - ben, hilft zum
Fläschchen sei mein A, B, C, Würfel, Kar-te, Kä-ther-le, mei - ne Bil - der - fi - bel, mei - ne
ew' - gen Le - ben.
Bil - der - fi - bel.

6. Arie.

Moderato.
Allegro.
Caspar.
Piano.
Corni e Timpani
ritard.
Schweig! schweig! da-mit dich Niemand warnt, schwei-ge, damit dich Nie - mand warnt. Der Höl - le
Netz hat dich um - garnt, der Höl - le Netz hat dich um - garnt! nichts kann vom tie-fen Fall dich ret - ten! nichts, kann vom
tie - fen Fall dich ret-ten, nichts, nichts kann dich retten vom tie - fen Fall, nichts, nichts kann vom tie - fen Fall dich ret-ten, nichts kann dich
ret-ten vom tie - fen Fall! nichts, nichts, vom tie - fen Fall! Um - gebt ihn, ihr
Gei - ster, mit Dun - kel be-schwingt, schon trägt er knir - schend eu - re Ket-ten, um-
Fl. picc.

gebt ihn, ihr Gei-ster, mit Dun-kel be-schwingt, schon tragt er knir-schend eu-re Ket-ten, Tri-
umph! — Tri-umph! Tri-umph! die Ra-che ge-lingt! Tri-umph! die Ra-che ge-lingt! die Ra-che, die Ra-che ge-
lingt! Tri-umph! die Rache, die Ra-che ge-lingt! Tri-umph! die Rache ge-lingt! die Rache, die Ra-che ge-lingt! Um-
gebt ihn, ihr Gei-ster, mit Dun-kel beschwingt, schon tragt er knir-schend eu-re Ket-ten, Tri-umph!
die Ra — che, die Rache ge-lingt, die Ra —
ff
p
sf

ZWEITER ACT.

7. Duett.

Zimmer im Forsthause.

Agathe.
nest.
Lass das Ahnen-bild in Eh - ren.
Aennchen.
Ei, dem al-ten Herrn zoll ich Achtung gern, doch dem Knechte Sit-te
lehren, kann Re - spect nicht wehren.
Agathe.
Sprich, wen meinst du? welchen Knecht?
Aennchen.
Nun, den Na-gel! kannst du fra-gen! sollt' er seinen
Agathe.
Ja, gewiss! das war nicht recht, gewiss, ge-
Aennchen.
Herrn nicht tragen? liess ihn fall'n, war das nicht schlecht! liess ihn fall'n, war das nicht schlecht! gewiss, ge-
wiss, — ge-wiss, das war nicht recht, gewiss, gewiss, — ge-wiss, das war nicht recht.
Sie steigt herab.
wiss — ge-wiss das war recht schlecht, gewiss, gewiss, — ge-wiss, das war recht schlecht.
dolce

Agathe.
Al - les wird dir — zum Fe - ste, Al - les heut dir La - chen und Scherz,
o — wie an - ders fuhlt mein Herz, o — wie an - ders fuhlt mein Herz!
cresc.
f
Aennchen.
Grillen sind mir bö - se Gaste; immer mit leichtem Sinn, tanzen durch's Leben hin, das nur ist Hochge - winn! Sorgen und Gram muss man verja - gen,
scherzando
mf
Sor-gen und Gram muss man ver - ja - gen, im-mer mit leichtem Sinn! Gril - len sind mir bö - se Ga - ste, immer mit leichtem Sinn tanzen durchs Leben hin,

Wer — be -
das nur ist Hoch-ge-winn, Grillen sind mir bö - se Gä - ste, bö - se, bö - se Gä - ste.
zwingt des Bu - sens Schla - - gen? wer, der — Lie - - be — sü - - ssen
Grillen sind mir böse Gäste, im-mer mit leichtem Sinn, tanzen durch's Le - ben hin, das nur ist Hochge-
Fl. e Viol.
Schmerz? stets um dich, — Ge - lieb - - ter, za - - gen — muss — dies ah-nungs-
winn; Sorgen und Gram muss man ver - ja - gen, Sor-gen und Gram muss man ver - ja - gen, das nur ist Hochge-winn.
vol - - - le Herz, — — — muss — dies — ah -
Gril-len sind mir bö - se Gä - ste, immer mit leichtem Sinn tanzen durch's Le-ben hin, das nur ist Hoch-ge-winn, Grillen sind mir
cresc.

— nungs - vol — — le Herz; stets um dich, — Ge — lieb — ter za - gen, muss dies
bö - se Gä - ste, bö - se bö - se Gä - ste.
im-mer mit leichtem, mit leich - tem Sinn, tanzen durch's Leben hin,
rf
rf
ah — — nungsvol — le Herz, um dich — muss es za - gen, dies
tan - zen durch's Leben, durch's Le - ben hin. Grillen sind mir bö - se, bö — se Gä - ste. Grillen sind mir bö - se, bö-
f
ah — nungsvol — le Herz.
— — se Gä — ste.
pp

8. Arietta.

Allegretto.
Oboe solo
ten.
Piano.
p
f

Aennchen.
Kommt ein schlanker Bursch' ge-gan-gen, blond von Lo - cken o - der braun, hell von Aug' und roth von Wangen;
p
ei, nach dem kann man wohl schau'n, ei, nach dem kann man wohl schau'n, ei, nach dem, nach dem kann man wohl schau'n!
tr
Oboe
mf
ten.
Zwar schlägt man das Aug' auf's Mie - der, nach ver - schäm - ter
p
Mäd - chen Art; doch ver - stoh - len hebt man's wie - der, wenn's das Herr - chen nicht ge - wahrt, doch ver-stoh-len hebt man's wieder, wenn's das
Fl. e Ob.
Herr - chen nicht ge - wahrt, es nicht ge - wahrt, es nicht ge - wahrt.
Soll-ten ja sich Bli - cke

fin — den, nun, was hat das auch für Noth? man wird drum nicht gleich erblinden, wird man auch ein we - nig roth, ein we - nig
roth, ein we - nig roth. — Blickchen hin und Blick her - ü - ber, bis der Mund sich auch was traut.
Oboe
Viole.
con anima
Er seufzt: Schönste! Sie spricht: Lie - ber! bald heisst's Bräu - ti - gam und Braut, bald heisst's Bräutigam und
Oboe
Braut, — Bräu - ti - gam und Braut. Im - mer nä - her, lieben
ten.
ff
Fl. e Viol.
Leut - chen, wollt ihr mich im Kranze sehn? gelt! das ist ein net - tes Bräutchen, und der Bursch' nicht minder

9. Scene und Arie.

Sie öffnet die Altanthüre, dass man in eine sternenhelle Nacht sieht.
Kummer stets Hand in Hand zu gehn.
Ob Mond auf sei-nem Pfad wohl lacht?
f Welch'
Tempo
dolce
Oboi
Sie tritt auf den Altan und erhebt in frommer Rührung ihre Hände.
Adagio.
schö — ne Nacht!
p
Lei-se, lei-se, from-me Wei-se, schwing' dich auf zum Sternen-krei-
Flauti
colla parte
Clar.
4 Violini con sordini
pp
se, Lied er-schal-le, fei-ernd wal-le mein Ge-bet zur Him-mels-hal-le!
pp
Recit. (hinausschauend.)
O wie hell die gold'nen Ster-ne, mit wie rei-nem Glanz sie glühn! nur dort in der Ber-ge Fer-ne scheint ein Wetter auf-zu-
Viola
Adagio.
ziehn, dort am Wald auch schwebt ein Heer dunk-ler Wol-ken dumpf und schwer.
Zu dir wen-de ich die Hän-de, Herr ohn'
Fl.
Viol.
pp

An-fang und ohn' En - de. Vor Ge-fah-ren uns zu wahren, sen - de dei-ne En-gel-schaa - ren.
Andante.
Al - les pflegt schon längst der Ruh! trau-ter Freund, wo wei-lest du?
pp
Viola
Cello
Ob mein Ohr auch
ten.
eif - - rig lauscht, nur der Tan - nen Wip - fel rauscht. nur das
Bir - - ken-laub im Hain flü - stert durch die heh - - re
Stil - le, nur die Nach-tigall und Gril-le scheint der Nacht-luft sich zu freu'n.
Recit.
Doch wie!
a tempo
Corni

Recit.
accelerando
Agitato
täuscht mich nicht mein Ohr? Dort klingt's wie Schritte! Dort aus der Tannen Mit-te kommt was her-vor! Er ist's! Er ist's! die
a tempo
f
mf
(Sie winkt mit einem weissen Tuche.)
Flag-ge der Lie-be mag weh'n! Dein Mäd - chen wacht noch in - der Nacht! Er scheint mich noch nicht zu
f
p
cresc. e stringendo
sehn. Gott! täuscht das Licht des Mond's mich nicht, so schmückt ein Blumenstrauss den Hut! Gewiss, er hat den besten Schuss gethan; das kün - det
p
f
p
ff
Vivace con fuoco
Glück für mor - gen an! O sü - sse Hoffnung! neu belebter Muth!
f
f
p
cresc.
assai
f
ff
ff
All' mei-ne Pul - se schla-gen, und das Herz wallt

un - ge - stüm; süss ent - zückt ent - ge - gen ihm, süss ent - zückt ent - ge - gen ihm!
Konnt'ich das zu hof - fen wa - gen? konnt'ich das zu hof-fen wagen? konnt'ich
Fl. e Clar.
das zu hof-fen wa - gen? Ja! — es wandte sich das Glück zu dem theuren Freund zu - rück: will sich mor - gen treu be-
währen, will sich mor - gen treu bewähren! Ist's nicht Täuschung, ist's nicht Wahn? —
Cello e Fag.
Him-mel, nimm' des Dankes Zäh - ren für dies Pfand der Hoff-nung an! Him - mel, nimm des
Clar. e Fag.

Dan - kes Zäh - ren für dies Pfand der Hoff - nung an! All' mei-ne Pul-se schlagen, und das
mf
Herz wallt un - ge - stüm, all' mei-ne Pul-se schlagen, und das Herz wallt un - ge - stüm; süss entzückt ent-gegen ihm,
a piacere
ma con tutta la forza
colla parte
Tempo
p
ent-gegen ihm! süss ent-zückt ent - ge - gen ihm, süss entzückt ent - ge - gen ihm, ent - zückt ent-
Fl. e Clar.
poco a poco cresc.
mf
f
ge - gen ihm!
ff
Corni

10. Terzett.

Allegro.
Agathe.
Piano.
f
p
f
Wie! was? Ent-se-tzen! Dort in der Schreckensschlucht? dort in der Schreckensschlucht?
pp
ff
p
scherz.

Aennchen.
Der wilde Jä - ger soll dort he - tzen, und wer ihn hört er - greift die Flucht!
p
Max.
Darf Furcht im Herz des Waid - manns hau - sen?
Agathe.
Doch sün - digt der, der Gott ver - sucht!
dolce
Max.
Ich bin vertraut mit je - nem Grausen, das Mit - ternacht im Wal - de webt, wenn sturm - be - wegt die Ei - chen sau - sen, der Hä - her krächzt die Eu - le schwebt!
Nimmt Hut, Jagdtasche und Büchse.
mf
decresc.
p
pp
f
cresc.

Agathe.
Mir ist so bang' o blei-be! o ei - le nicht so schnell! mir ist so bang', o blei-be, o ei-le nicht so schnell! o ei-le
f
p
Agathe.
ei - le, ei - le nicht, mir ist so bang'!
Mir ist so bang', o bleibe! o ei - le nicht so
Aennchen.
Mir ist so bang', o blei-be! o ei-le nicht so schnell! o ei-le, ei-le nicht so
Max.
Darf Furcht — im Herz des Waidmanns
schnell! — mir ist so bang', o blei-be! o eile nicht so schnell! o ei-le, ei - le, ei - le nicht, mir ist so bang'!
schnell! o ei-le nicht, o ei - le nicht so schnell, o ei - le, ei - le nicht so schnell, o ei-le, ei - le nicht!
hau - sen? ich — bin ver - traut mit je - nem Grau-sen, das Mit - ternacht im Wal - de webt.
mf
cresc.
pp
Max. (Nach dem Altan schauend, düster für sich:)
Noch trübt sich nicht die Mon - denschei-be, noch strahlt ihr Schim - mer klar und

hell, doch bald wird sie den Schein ver - lie - - ren.
cresc.
f
ff
Aennchen.
Willst du den Him-mel ob - ser - vi - ren? das wär' nun mei - ne Sa - che nicht, das wär' nun mei-ne Sa-che
Max.
Bald, ja
Fl. e Violini
leggiermente
Agathe.
So kann dich meine Angst nicht
nicht, das wär' nun meine Sache nicht, den Himmel ob - ser - viren, das wär' nun mei - ne Sache nicht, meine Sache nicht.
bald wird sie den Schein ver-lieren, ja bald wird sie den Schein ver - lie - - ren.
mf
Corni
rüh - ren?
Max.
Mich ruft von hin-nen Wort und Pflicht! mich ruft von hin - nen Wort und Pflicht, mich

Agathe.
Aennchen.
Max.
ru - fen Wort und Pflicht!
Leb' - wohl! leb' - wohl! leb' -
Flauto
wohl, le - be wohl, le - be wohl, leb' wohl, leb' wohl, le - be
Clar.
pp
Vivace.
leb' wohl! leb' - - wohl!
Max geht hastig fort, kehrt aber in der Thür noch einmal zurück.
con fuoco

Andantino.
Agathe.
Nichts fühlt mein Herz als Be - ben, nimm mei-ner War - nung
Max. (Mit Wehmuth.)
dolce
Doch hast du auch ver - ge - ben den Vorwurf, den Ver-dacht? hast du auch ver - ge - ben den Vor-wurf, den Ver-
Andantino.
pp
Acht; nichts fühlt mein Herz als Be - ben, nimm mei - ner War - nung Acht, nichts
Aennchen.
So ist das Jäger - leben, nie Ruh' bei Tag und Nacht, nie Ruh' bei Tag und Nacht, nie Ruh' bei Tag und Nacht, nie Ruh' bei Tag und
dacht, doch hast du auch ver - ge - - ben den Vor - wurf, den Ver - dacht?
rf
fühlt mein Herz als Be - ben, nimm mei - ner War - nung Acht, — nimm mei - ner
Nacht! so ist das Ja - gerleben, nie Ruh' bei Tag und Nacht, nie Ruh' bei Tag und Nacht, nie Ruh' bei Tag und Nacht, nie Ru - he,
hast du auch ver - ge - ben den Vor - wurf, den Ver-dacht? — rf hast du ver-
fp

War - nung Acht, nimm mei - ner War - - - - nung Acht, nimm mei-ner
nie Ruh' bei Tag und Nacht, so ist das Jä - gerleben, nie Ruh' bei Tag und Nacht, nie Ruh' bei Tag und Nacht, nie Ruh' bei Tag und Nacht, so ist das
ge - - - - ben den Vor - wurf, den — Ver - dacht! doch
morendo
Warnung Acht, nimm mei-ner Warnung Acht!
Jä - ger - le - ben, nie Ruh' bei Tag und Nacht!
hast du auch ver - ge-ben den Ver-dacht?
morendo
pp
Allegro vivace.
ff
Weh mir! ich muss dich las - sen, ich muss dich las - sen, ich muss dich las - sen! denk' an A-
(Zu Agathen.)
Such, Be - ste, dich zu
Bald wird der Mond er - blas - sen, mein Schick-sal reisst mich fort, mein

cresc.
ga thens Wort, denk' an A-ga - thens Wort, denk' an A-ga - thens Wort, denk' an A - ga thens Wort,
(Zu Max.)
fas - sen-zu fas - sen. Denk' an A-ga - thens Wort, denk' an A-ga - thens Wort, denk' an A - ga-thens Wort,
Schicksal reisst mich fort, mein Schicksal reisst mich fort, mein Schicksal reisst mich fort, mein Schick-sal reisst mich fort,
ff
f
denk' an A - ga - thens Wort, denk' an A - ga - - - - - thens Wort, denk an A-
denk' an A - ga - thens Wort, denk' an A - ga - - thens Wort, denk' an A-
mein Schicksal reisst mich fort, mein Schicksal reisst mich - fort, mein Schicksal
ga - thens Wort! -
ga - thens Wort! -
Den Hut tief in die Augen drückend, stürzt Max heftig ab.
reisst mich fort. -

11. Finale.

Furchtbare Waldschlucht. Caspar ist beschäftigt, mit schwarzen Feldsteinen einen Kreis zu legen, in dessen Mitte ein Todtenkopf liegt. Einige Schritte davon der abgehauene Adlerflügel, Giesskelle und Kugelform.

U - hu - i! U - hu - i! U - hu - i!
Die Uhr schlägt ganz in der Ferne Zwölf.
U - hu - i! U - hu - i! U - hu - i!
bracht!
Caspar reisst heftig den Hirschfänger heraus und stösst ihn mitten in den Todtenschädel.
Caspar erhebt den Hirschfänger mit dem Todtenkopfe, dreht sich drei Mal herum und ruft: Samiel! Samiel! erschein'!
ff
pp
ff
bei des Zaubrers Hirngebein! Samiel! Samiel! erschein'!
Samiel tritt aus einem Felsen:
Caspar stellt beides wieder in die Mitte des Kreises.
Was rufst du?
pp
Oboi e Clar.
Timp.
sf
Agitato.
Caspar.
Caspar wirft sich nieder.
Du weisst, dass mei - ne
p
Frist schier ab - gelau - fen ist.
Sam. Morgen!
Verläng - re sie noch ein - mal mir
Sam. Nein!
Ich
pp
pp
brin - ge neu - e O - pfer dir.
Sam. Welche?
Mein Jagd - gesell, er naht, er, der noch
pp

nie dein dunkles Reich be-trat.
Sam. Was sein Begehr?
Frei - - ku-geln sind's, auf die er
pp
f
Hoff-nung baut.
Sam. Sechse treffen, Sieben äffen! Die Siebente sei dein!
aus sei - - nem Rohr
pp
f
lenk' sie nach seiner Braut; dies wird ihn der Ver-zweiflung weihn, ihn und den Va-ter.
cresc.
f
Sam. Noch hab' ich keinen Theil an ihr.
Genügt er dir al-lein?
Sam. Das findet sich.
Doch schenkst du
pp
pp
Frist, und wieder auf drei Jahr, bring' ich ihn dir zur Beu-te dar!
cresc.
ff

Sam. Es sei bei den Pforten der Hölle! morgen Er oder Du.
(Verschwindet unter dumpfem Donner.)
Corni.
Caspar richtet sich langsam und erschöpft auf und trocknet sich den Schweiss von der Stirn. Der Hirschfänger mit dem Todtenkopf ist verschwunden; an dessen Stelle kommt ein kleiner Heerd mit glimmenden Kohlen und einigen Reisbündeln aus der Erde.
Allegro.
cresc.
(Caspar erblickt sie.)
Trefflich bedient!
(thut einen Zug aus der Jagdflasche.)
Geseg'n es Samiel!
(trinkt.)
stringendo
Er hat mir warm gemacht!
Caspar geht nicht ohne Beängstigung im Kreise hin und her. Die Kohlen drohen zu verlöschen, er kniet zu ihnen nieder, legt Reiser auf und bläst an. Die Eule und andere Vögel heben die Flügel, als wollten sie anfachen.
Aber wo bleibt denn Max?
Sollte er wortbrüchig werden?
Samiel, hilf!
Das Feuer raucht und knistert.
crescendo poco a poco
Max wird auf einer Felsenspitze, dem Wasserfalle gegenüber, sichtbar und beugt sich in die Schlucht herab.
Max.
Recit.
Corni
Ha!
Furchtbar gähnt der dü-stre Abgrund! welch ein
trem.

Andante.
Grau'n! das Auge wähnt in einen Höl-lenpfuhl zu schaun! Wie dort sich Wet-terwol-ken bal - len, der
pp
Mond ver-liert von sei - nem Schein. ge - spenst' - ge Ne-bel-bil-der wal - len, — be-
pp
Flauti e Violini.
Recit.
lebt ist das Ge - stein, und hier — husch! husch! fliegt Nachtgevögel auf im
tr
tr
Busch. Rothgraue, narb'ge Zweige strecken nach mir die Rie-sen-faust! Nein! oh das Herz auch
p
f
ff
p
Fag. e Viola.
Recit.
graust — ich muss — ich trotze allen Schrecken!
Vivace.
ff
(Er klettert einige Schritte herab.)
ff

Max nach dem Adlerflügel starrend.
Caspar. Dank, Samiel! die Frist ist gewonnen! (zu Max) Kommst du endlich, Kamerad! ist das auch recht, mich so allein zu lassen! siehst du nicht, wie mir's sauer wird!
Ich
p
Caspar hat das Feuer mit dem Adlerflügel angefacht, und erhebt diesen im Gespräch gegen Max.
Recit.
Er klettert einige
schoss den Ad - ler aus ho - - her Luft, ich kann nicht rückwärts, mein Schicksal ruft!
Vivace.
p
ff
Schritte, bleibt dann wieder stehen und blickt starr nach dem gegenüberstehenden Felsen.
Max. Recit.
Weh mir!
ff
Casp. So komm doch, die Zeit eilt!
Ich kann nicht hin - ab!
Casp. Hasenherz! klimmst ja sonst wie eine Gemse!
Sieh dort hin, sieh!
Max deutet nach dem Felsen, man erblickt eine weiss verschleierte Gestalt, welche die Hand erhebt.
a tempo poco ritenuto
fp pp
ritard.
Was dort sich weis't, ist mei-ner Mutter Geist. So lag sie im Sarg, so ruht sie im Grab.
f pp
Vivace.
f

Recit.
Sie fleht mit warnendem Blick, sie winkt mir zu - rück!
Casp. (für sich) Hilf, Samiel!
(laut) Alberne Fratzen! he! he! he!
Sieh noch einmal hin, damit du die Folgen deiner feigen Thorheit erkennest!
Die verschleierte Gestalt ist verschwunden, man erblickt Agathens Gestalt. Sie gleicht völlig einer Wahnsinnigen und scheint im Begriff, sich in den Wasserfall hinab zu stürzen
Agitato assai.
pp Violini e Flauti.
pp
pp
Max.
A - ga - the! Sie springt in den Fluss! Hin - ab! hin - ab! ich muss! A - ga - the! sie springt in den Fluss! A - ga - the!
sempre cre - scen - do
ff

Die Gestalt verschwindet, Max klimmt vollends herab. Der Mond fängt an sich zu verfinstern.

Caspar (wirft ihm die Jagdtasche zu, die Max weglegt). Zuerst trink einmal! Die Nachtluft ist kühl und feucht. Willst du selbst giessen?
Max. Nein, das ist wider die Abrede.
Caspar. Nicht? So bleib ausser dem Kreise, sonst kostet's dein Leben!
Max. Was hab' ich zu thun, Hexenmeister?
Caspar. Fasse Muth! Was du auch hören und sehen magst, verhalte dich ruhig. (Mit eigenem heimlichen Grauen) Käme vielleicht ein Unbekannter, uns zu helfen, was kümmert's dich? Kommt was anders, was thut's? – So etwas sieht ein Gescheidter gar nicht!
Max. O, wie wird das enden!
Caspar. Umsonst ist der Tod! Nicht ohne Widerstand schenken verborgene Naturen den Sterblichen ihre Schätze. Nur wenn du mich selbst zittern siehst, dann komme mir zu Hülfe und rufe, was ich rufen werde, sonst sind wir beide verloren.
Max (macht eine Bewegung des Einwurfes).
Caspar. Still! die Augenblicke sind kostbar! (Der Mond ist bis auf einen schmalen Streif verfinstert.)
Caspar (nimmt die Giesskelle). Merk' auf, was ich hinein werfen werde, damit du die Kunst lernst! (Er nimmt die Ingredienzien aus der Jagdtasche und wirft sie nach und nach hinein.)

Für erst das Blei. Etwas Glas von zerbrochenen Kirchenfenstern, das findet sich. Etwas Quecksilber. Drei Kugeln, die schon einmal getroffen. Das rechte Auge eines Wiedehopfs, das linke eines Luchses — Probatum est! Und nun den Kugelsegen! (In drei Pausen sich gegen die Erde neigend.) Schütze, der im Dunkeln wacht, Samiel! Samiel! hab' ——

Andante. **Melodram.**

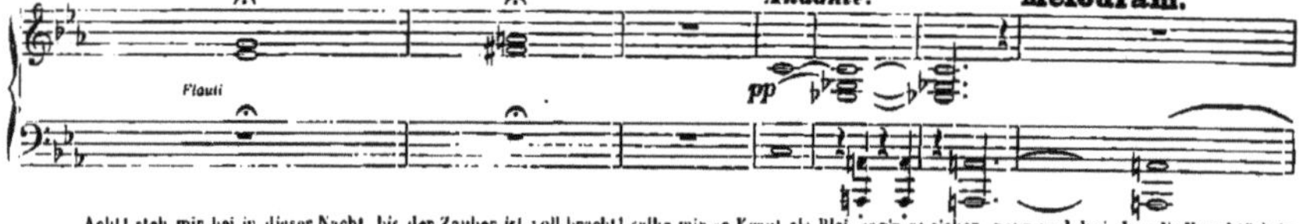

Die Masse in der Giesskelle fängt an zu gähren und giebt einen grünlich weissen Schein. Eine Wolke läuft über den Mondstreif, so dass die ganze Gegend nur noch von dem Heerdfeuer, den Augen der Eule und dem faulen Holze des Baumes beleuchtet ist.

Waldvögel kommen herunter, setzen sich um das Feuer, hüpfen und flattern. Caspar giesst und zählt
Zwei! (Echo) Zwei!
Ein schwarzer Eber raschelt durch's Gebüsch und jagt wild vorüber. Caspar scheint zu stutzen und zählt:
Drei! (Echo) Drei! Ein Sturm erhebt sich, beugt und bricht Wipfel der Bäume, jagt Funken vom Feuer.
f
ff
cresc.
Caspar zählt ängstlich: Vier! (Echo) Vier!
Man hört Rasseln, Peitschengeknall und Pferdegetrappel. Vier feurige Funken werfende Räder rollen über die Bühne.

Caspar, immer ängstlicher, zählt:
Fünf! (Echo) Fünf!
Hundegebell und Wiehern in der Luft. Nebelgestalten von Jägern zu Fuss und zu Ross, Hirschen und
Corni e Tromboni.
fp
sempre ff
Hunden ziehen in der Luft vorüber. Chor (unsichtbar) Tenori e Bassi.
ff
ten.
Durch Berg und Thal, durch Schlucht und Schacht, durch Thau und Wolken,
Sturm und Nacht, durch Thau und Wolken, Sturm und Nacht!
ff
Durch Höl - le, Sumpf und Er-den - kluft, durch
Feu - er, Er-de, See und Luft, jo ho! wau, wau! jo ho! wau, wau! jo ho! ho! ho! ho! ho! ho! ho!
Caspar.
Wehe;
Das wilde Heer! Sechs! Wehe!
(Echo) Sechs! Wehe!
Presto.
ff
Der ganze Himmel wird schwarze Nacht. Die Gewitter treffen furchtbar zusammen

Ende des zweiten Actes.

DRITTER ACT.

12. Entre-Act.

Violini
ff
tr
Ob.

13. Cavatine.

Adagio.
Agathe.
Piano.
Vllo
p dolce
Corni e Fag.
Und ob die Wol-ke sie ver-hül-le, die
Sonne bleibt am Himmels - zelt; es wal-tet dort ein heil'-ger Wille, nicht blindem Zu - fall dient die Welt.
Das Auge e - wig rein und klar nimmt aller We - sen lie - bend wahr, das Au - ge ewig rein und klar, nimmt al - - ler

We - sen lie-bend wahr, das Auge e - wig rein und klar, nimmt Al-ler lie-bend wahr.
Clar.
dolce
Für mich wird auch der Va - ter sor - gen, dem kind-lich Herz und Sinn ver - traut, und wär' dies
p
auch mein letz - ter Mor - gen, rief mich sein Va - terwort als Braut:
mf
Vllo.
Sein Au - ge e - wig rein und
klar, nimmt meiner auch mit Lie - be wahr, sein Au - ge ewig rein und klar, nimmt mei - - - ner auch mit Lie - be
p
f
pp
wahr, sein Au - ge e - wig rein und klar nimmt mei-ner lie - bend wahr.
pp
Vllo.

14. Romanze und Arie.

(3371)

Recit.
Du zürnest mir?
Andante.
dolce assai
a piacere
Recit.
Doch kannst du wähnen, ich fühle nicht mit dir?
Andante.
Recit.
Nur ziemen ei-ner Braut nicht Thrä - - - - nen.
Allegro.

sie — — er - qui - cke und be-glü-cke und bestri - cke, Alles um sich her — entzücke,
das ist ih - re schönste, schönste Pflicht, das ist ih - re schön - ste, schön - - - - -
- - ste Pflicht.
Lass in ö - den Mauern Büsse - rin - nen trauern, dir — — winkt ros' - ger
Hoff - nung Licht! schon entzün - det sind die Kerzen zum Ver - ein getreu - er Her - zen, schon entzündet sind die
Fl.

Ker - zen, dir winkt ros'ger Hoff - nung Licht, hol - de Freundin, za - ge nicht,
hol - de Freun - din, Hol - de, za - ge nicht, hol - de
Freun - din, za - ge nicht, hol - de Freun - din, Hol - de, za - ge
nicht, hol - de Freun - din, hol - de Freun - din, za - - -
- ge nicht, hol - de Freundin, za - ge nicht, hol - de Freundin, za - ge nicht, hol - de Freundin, za - ge
pp
mf
cresc.
f
ff

15. Chor der Brautjungfern.

Andante e quasi Allegretto.

16. Jäger-Chor.

Teich
wühlt
ist fürst-liche Freude, ist männlich Verlan-gen, er-starket die Glieder und würzet das Mahl. Wenn Wälder und Felsen uns hal-lend um-
4 oder 8 Solostimmen
fangen tönt freier und freud'ger der vol - le Po-kal. Jo-ho tral-la la la la la la la la la la
la la la la la la la la la la
Coro unisono
fangen tönt freier und freud'ger der vol - le Po-kal. Jo-ho tral-la la la la la la la la la la
la la la la la la la la la la la la la la la la la la
la la la la la la la la la la la la la la la la la la la la la la la la la la la la la la la la la la la la la la la la la
la la la la la la la la la la la la la la la la la la la la la la la la la la la la la la la la la la la la la la la la la la la la la la la la la la la la la la la la la la la la

17. Finale.

Aennchen, Ottokar, Max, Cuno und einige Landleute sind um Agathen im Hintergrunde beschäftigt. Der übrige Chor steht in ängstlichen Gruppen verteilt, nach Agathen und Caspar sehend.

pp
f
Wir wagen's kaum, nur hinzuschau'n, o furchtbar Schicksal, o Grau'n! unsre Her -
Jä-ger stürzte vom Baum; wir wagen's kaum, nur hinzuschau'n, o furchtbar Schicksal, o Grau'n! unsre Her -
mf
cresc.
zen be-ben — za-gen —. Wär' die Schre-ckensthat ge-
ff
scheh'n? — — — — — —
kaum will ich das Au-ge wa-gen, wer das Op-fer sei, zu

sehn, wer das Op - fer sei, zu sehn,
fp
sehn, wer das Op - fer sei, zu sehn, kaum will es das Au-ge
sehn, wer das Op - fer sei, zu sehn,
fp
wer das Opfer sei, zu sehn.
Agathe wird in den Vordergrund auf eine Rasenerhöhung gebracht. Alle sind um sie beschäftigt. Max liegt vor ihr auf den Knieen.
fp
wagen, wer das Opfer, das Opfer sei, zu sehn.
fp
wer das Opfer sei, zu sehn.
fp
pp
Vllo.
Agathe, aus schwerer Ohnmacht erwachend.
Adagio.
Recit.
Wo bin ich? war's Traum nur, dass ich sank?
Ännchen.
O fas-se
attacca
Fl.
a piacere

Un poco più maestoso.
Aennchen.
Mar.
Caso.
Sopraui.
Alti.
Tenori.
Bassi.
Chor.
Piano.
dich!
Sie lebt!
den Heil'gen Preis und Dank! sie hat die Augen offen! den Heil'gen Preis — und
Sie lebt!
den Heil'gen Preis und Dank! sie hat die Augen offen!
Preis und Dank! den Heil'gen Preis und Dank! sie hat die Augen offen!
den Heil'gen
Preis und Dank! den Heil'gen Preis und Dank! sie hat die Augen offen!
den Heil'gen Preis und
Preis und Dank! den Heil'gen Preis und Dank! sie hat die Augen offen! den Heil'gen Preis — und
Den Heil'gen Preis und Dank!
den Heil'gen Preis und Dank! sie hat die Augen offen!
Un poco più maestoso.
Dank! den Heil'-gen Preis und Dank! Preis und Dank! Preis und Dank!
den Heil'gen Preis und Dank! Preis und Dank! Preis und Dank! Preis und Dank! Hier dieser ist getrof-fen, der roth vom Blute liegt.
Dank!
Soprani
Alti
Preis! den Heil'gen Preis und Dank! Preis und Dank! Preis und Dank!
Dank! den Heil'-gen Preis und Dank! Preis und Dank! Preis und Dank!
Chor, auf Caspar zeigend.
den Heil'gen Preis und Dank! Preis und Dank! Preis und Dank! Preis und Dank! Hier dieser ist getrof-fen, der roth vom Blute liegt.

Caspar.
Recit.
a tempo
Ich sah den Klaus-ner bei ihr stehn, der Himmel siegt, es ist um mich geschehn!
Agathe erholt sich nach und nach, sie steht auf.
trem.
fp
f
Clar.
fp
Agathe. Moderato.
Ich ath - me noch, der Schreck nur warf mich nie - der, ich ath - me
dolce
noch — die lieb - liche Luft, ich ath - me noch — die lieb - li - che Luft, ich ath - - - me
rit.
colla parte
noch! O Max! o Max! — — ich le - be noch! — — — — — —
Tempo primo
Caspar.
Max.
Sie athmet frei! Sie la - chelt wieder! die süsse Stimme ruft! A - ga - the, du le - best noch! — — — — — —
Chor.
Tempo primo
f
ff
Preis und Dank! den
Den Heil'gen Preis und Dank! den
Ob.
Fag.

Agathe.
Preis und Dank! Preis und Dank!
Aennchen.
Mar.
Preis und Dank! Preis — — — und Dank!
Samiel kommt hinter Caspar aus der Erde, von den Uebrigen ungesehen.
Ottokar.
Cuno.
Preis und Dank! Preis — — — und Dank!
Caspar erblickt Samiel:
Du, Sami-el, schon
Heil'-gen Preis und Dank! Preis und Dank!
den Heil'-gen Preis und Dank! Preis und Dank!
Heil'-gen Preis und Dank! Preis und Dank!
den Heil'-gen Preis und Dank! Preis und Dank!
Ballt die geballte Faust drohend gen Himmel.
hier? so hieltst du dein Versprechen mir! nimm dei-nen Raub, ich tro - tze dem Ver-der-ben; dem Him - mel Fluch!
cresc.
Samiel verschwindet. Caspar stürzt unter heftigen Zuckungen zusammen.
Cuno.
Fluch dir!
Er war von je ein Bö-sewicht, ihn traf des Himmels Strafge-
Chor, von Grausen ergriffen.
Ha! Das war sein Gebet im Sterben!
Ha! Das war sein Gebet im Sterben!

richt, er war ein Bö-sewicht, ihn traf des Himmels Strafge-richt. er war ein Bösewicht, ihn traf des Him-mels Strafge-richt.
Er war von je ein Bösewicht, ihn traf des Him-mels Strafge-richt. Er hat dem
Er war von je ein Bö-sewicht, ihn traf des Himmels Strafge-richt, er war ein Bösewicht, ihn traf des Him-mels Strafge-richt.
Er war ein Bösewicht, ihn traf des Himmels Straf-ge-richt.
f
Ottokar.
Vernahmt ihr's nicht? er rief den Bösen!
Fort, stürzt das Scheusal in die Wolfschlucht!
Himmel selbst geflucht, vernahmt ihr's nicht? er rief den Bösen!
vernahmt ihr's nicht? er rief den Bösen!
vernahmt ihr's nicht? er rief den Bösen!
ff
(Zu Max.) Più maestoso.
Einige Jäger tragen den Leichnam fort.
Nur du kannst dieses Räthsel lösen; wohl schwere Unthat ist geschehn. Weh dir, wirst du nicht
f

Mar.
Al- les treu ge-stehn! Herr! unwerth bin ich Eu - rer Gna - de; des Todten Trug verlock-te mich, dass aus Ver-
Fag. solo
f p p
zweif - lung ich vom Pfa - de der Frömmig - keit und Tu - gend wich; vier Ku - geln, die ich heut' ver-
Ottokar. (zornig.)
schoss, Freiku - geln sind's, die ich mit jenem goss. So ei-le
f pp ff con fuoco
mein Ge - biet zu mei-den und kehre nimmer in dies Land! vom Himmel muss die Höl - le schei-den, nie, nie empfangst du
Mar.
die - se rei - ne Hand! Ich darf nicht wa - gen, mich zu be - kla - gen, denn
Fag. solo
dolce p p

a piacere
a tempo
ad libitum
Poco più moto.
schwach war ich, obwohl kein Bö - sewicht, schwach war ich, schwach war ich, ob - wohl kein Bösewicht.
colla parte
mf
Fag
Celli e Viola
Agathe.
O reisst ihn nicht aus meinen Armen!
Cuno.
Er war sonst stets ge - treu der Pflicht.
Chor. Bassi.
Er ist so
Violini
mf
Aennchen.
Gnäd'ger Herr, o habt Erbarmen! o habt Erbar - men!
Ottokar.
Nein! nein! nein!
Cuno.
Gnäd'ger Herr, o habt Erbarmen!
Chor. Soprani.
O er war im - mer treu und gut!
Gnäd'ger Herr, o habt Erbarmen!
Chor. Tenori.
O er war im - mer treu und gut!
Gnäd'ger Herr, o habt Erbarmen!
brav, voll Kraft und Muth.
Gnäd'ger Herr, o habt Erbarmen!
f
ff

A-ga-the ist für ihn zu rein.
Hinweg, hin-weg aus meinem Blick!
dein harrt der Ker-ker,
kehrst du je zu-rück!
ff
ritard.
Der Eremit tritt auf. Alles tritt ehrerbietig zurück und begrüsst ihn demuthsvoll; selbst der Fürst entblösst sein Haupt.
Eremit.
Wer legt auf ihn so strengen Bann? Ein Fehltritt, ist er solcher Büssung werth?
Ottokar.
Andante con moto.
Bist
Adagio maestoso.
Tromboni
f
Clar.
p
du es, heil'-ger Mann, den weit u. breit die Gegend ehrt!
Sei mir gegrüsst, Gesegneter des Herrn! dir bin auch ich ge-horsam gern.
Sprich
Fl. e Clar.
du sein Ur-theil, dei-nen Willen will freudig ich er-füllen.
Eremit.
Adagio.
Leicht kann des Frommen Herz auch wanken und
Adagio.
f
marcato rit.
f

Andante con moto.
überschrei-ten Recht und Pflicht, wenn Lieb' und Furcht der Tugend Schranken, Verzweiflung alle Dämme bricht. Ist's recht, auf ei - ner
Ku - gel Lauf zwei edl'ler Her-zen Glück zu se - tzen? Und un-ter-lie - gen sie den Ne - tzen, womit sie Leidenschaft um-
cresc.
mf
nicht: Wer hob den ersten Stein wohl auf? wer griff in seinen Busen nicht!
Adagio.
Drum finde nie der Probeschuss mehr statt! --
rit.
Andante quasi Allegretto.
Ihm, Herr! der schwer gesündigt hat, doch sonst stets rein und bie - der war, vergönnt da -
Fl. solo
ritard.
für ein Pro - be - jahr; und bleibt er dann, wie ich ihn stets er - fand, so wer - de sein A-

Ottokar.
ga - thens Hand. Dein Wort ge - nuget mir, ein Höh' - rer spricht aus
Violino
(zu Max.)
dir. Be-
Chor.
Heil un - serm Fürst! er wi - der - stre - bet nicht dem, was der from - me Klausner spricht!
Heil un - serm Fürst! er wi - der - stre - bet nicht dem, was der from - me Klausner spricht!
Heil un - serm Fürst! er wi - der - stre - bet nicht dem, was der from - me Klausner spricht!
ff
Fl. solo
p
Max.
währst du dich, wie dich der Greis er - fand, dann knüpf' ich sel - ber eu - er Band. Die
Vllo. solo
Corni
Agathe.
Zu - kunft soll — mein Herz — be-wah - ren, stets hei - lig sei — mir Recht — und Pflicht. O
Violino solo
pp
Basso pizz. e Timp.

Ottokar.
les't den Dank in die - sen Zäh - ren, das schwa - che Wort - ge-nügt - ihm nicht. Der ü - ber Ster - nen ist - voll
Eremit.
Der ü - ber Ster - nen ist - voll
Vllo. solo
Aennchen.
Gna - de, drum ehrt es Für - sten, zu - verzeih'n. O dann, gelieb - te Freun - din, schmücke ich dich auf's Neu' zum Braut - al-
Cuno.
Gna - de, drum ehrt es Für - sten, zu - verzeih'n. Weicht nim - mer von der Tu - gend Pfa - de, um eu - res Glü - ckes werth - zu
Violino solo
Agathe.
O les't - den Dank - in die - sen Zäh - ren, das schwa - che Wort - ge - nügt - ihm
Aennchen.
tar, dann, ge - lieb - te Freun - din, schmü - cke ich dich auf's Neu' - zum Braut - al-
Max.
Die Zu - kunft soll - mein Herz - be - wäh - ren, stets hei - lig sei - mir Recht - und
Ottokar.
Der ü - ber Ster - nen ist - voll Gna - de, drum ehrt es Für - sten, zu - ver-
Cuno.
sein, weicht, nim - mer von der Tu - gend Pfa - de, um eu - res Glü - ckes werth zu
Eremit.
Der ü - ber Ster - nen ist voll Gna - de, drum ehrt es Für - sten, zu ver-
2 Viol. soli

nicht, o les't — den Dank — in die — sen Zäh - ren, das schwa - che Wort — ge - nügt — ihm
tar, o dann, — ge - lieb - te Freun - din, schmü - cke ich dich — auf's Neu — zum Braut - al
Pflicht, die Zu — kunft soll — — mein Herz — be - wäh - ren, stets hei - lig sei — mir Recht — und
zeih'n, der ü — ber Ster — nen ist — voll Gna - de, drum ehrt — es Für - sten, zu — ver-
sein, weicht nim — mer von — der Tu - gend Pfa - de, um eu - res Glü - ckes werth — zu
zeih'n, der ü - ber Ster - nen ist — voll Gna - de, drum ehrt es Für - sten, zu ver-
nicht, das schwache Wort — ge - nügt — ihm nicht.
tar, ich schmücke dich — zum Braut - al - tar.
Pflicht, stets hei - lig sei — mir Recht — und Pflicht.
zeih'n, drum ehrt es Für — sten, zu ver-zeih'n.
sein, um eu - res Glü — ckes werth — zu sein.
zeih'n, drum ehrt es, Für — sten, zu — ver-zeih'n. Doch jetzt — — er - hebt — noch

eu - re Bli - cke — — zu dem. — der Schutz der Unschuld, der Schutz der Un - schuld
cresc.
f cresc.
f
Largo maestoso.
ff
Alle mit dem Chor.
ja! lasst uns zum Him-mel die Bli-cke er-he-ben, und fest auf die Len-kung des E-wi-gen bau'n.
Ja! lasst uns zum Him-mel die Bli-cke er-he-ben, und fest auf die Len-kung des E-wi-gen bau'n.
Eremit: war.
Largo maestoso.
mf
p
Agathe
Aennchen.
Der rein ist von
Mar.
Ottokar.
Cuno.
Eremit.
Der rein ist von
Allegro vivace.
dolce
Piano.

Tutti. ff
Her - zen und schuld - los von Le - ben, darf kind-lich der Mil - de des Va - ters ver-trau'n. Ja! lasst
ff
ff
Her - zen und schuld - los von Le - ben, darf kind-lich der Mil - de des Va - ters vertrau'n. Ja! lasst
ff
uns die Bli - cke er - he - ben und fest auf die Len - kung des E - wi - gen bau'n, fest der
uns die Bli - cke er - he ben und fest auf die Len - kung des E - wi - gen bau'n, fest der
ff
Mil - de des Va - ters ver - trau'n; der rein ist von Her - zen und schuld - los von Le - ben, darf kind - lich der
Mil - de des Va - ters ver - trau'n; der rein ist von Her - zen und schuld - los von Le - ben, darf kind - lich der